Impressum
Verlag: BABADADA GmbH, Nedderfeld 112 , 22529 Hamburg
Geschäftsführer / Verlagsleitung: Harald Hof
Druck: Books on Demand GmbH, In de Tarpen 42, 22848 Norderstedt

Imprint
Publisher: BABADADA GmbH, Nedderfeld 112 , 22529 Hamburg, Germany
Managing Director / Publishing direction: Harald Hof
Print: Books on Demand GmbH, In de Tarpen 42, 22848 Norderstedt, Germany

trường học
ትምህርት ቤት

phòng học
መማሪያ ክፍል

chia
ማካፈል

186/2

bảng viết
ሰሌዳ

sân trường
የትምህርት ቤት ቅጥር ግቢ

giáo viên
መምህር

giấy
ወረቀት

viết
መፃፍ

cây bút
እስክሪብቶ

bàn làm việc
መፃፊያ ጠረጴዛ

cây thước
ማስመሪያ

sách
መጽሐፍ

học sinh
ተማሪ

cặp đeo vai học sinh

የጀርባ ቦርሳ

hộp đựng bút

የእርሳስ መያዣ

bút chì

እርሳስ

cái gọt bút chì

የእርሳስ መቅረጫ

cục tẩy

ላጲስ

tập giấy vẽ

የስዕል ደብተር

bản vẽ

ዕል

cọ vẽ

የቀለም ብሩሽ

hộp mực vẽ

የቀለም ሳጥን

cây kéo

መቀ

keo dán

ማጣበቂያ

sách bài tập

መልመጃ ደብተር

bài tập ở nhà

የቤት ሥራ

số

ቁጥር

2+2

cộng

መደመር

5-2

trừ

መቀነ

2×2

nhân

ማባዛት

tính toán

ቁጥሮችን ማ ላት

A

chữ cái

ደብዳቤ

ABCDEFG
HIJKLMN
OPQRSTU
VWXYZ

bảng chữ cái

ፊደላት

từ

ቃል

văn bản

ፅሑፍ

đọc

ማንበብ

phấn viết

ጠመኔ

bài học

ትምህርት

sổ lớp

ምዝገባ

thi kiểm tra

ፈተና

chứng chỉ

ሰርተፊኬት

đồng phục học sinh

የትምህርት ቤት የደንብ ልብስ

giáo dục

ትምህርት

từ điển bách khoa

አዉደ ጥበብ

đại học

ዩኒቨርስቲ

kính hiển vi

የምርምር አጉሊ መሳርያ

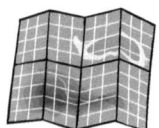

bản đồ

ካርታ

thùng rác giấy

የቆሻሻ ወረቀት መጣያ ቅርጫት

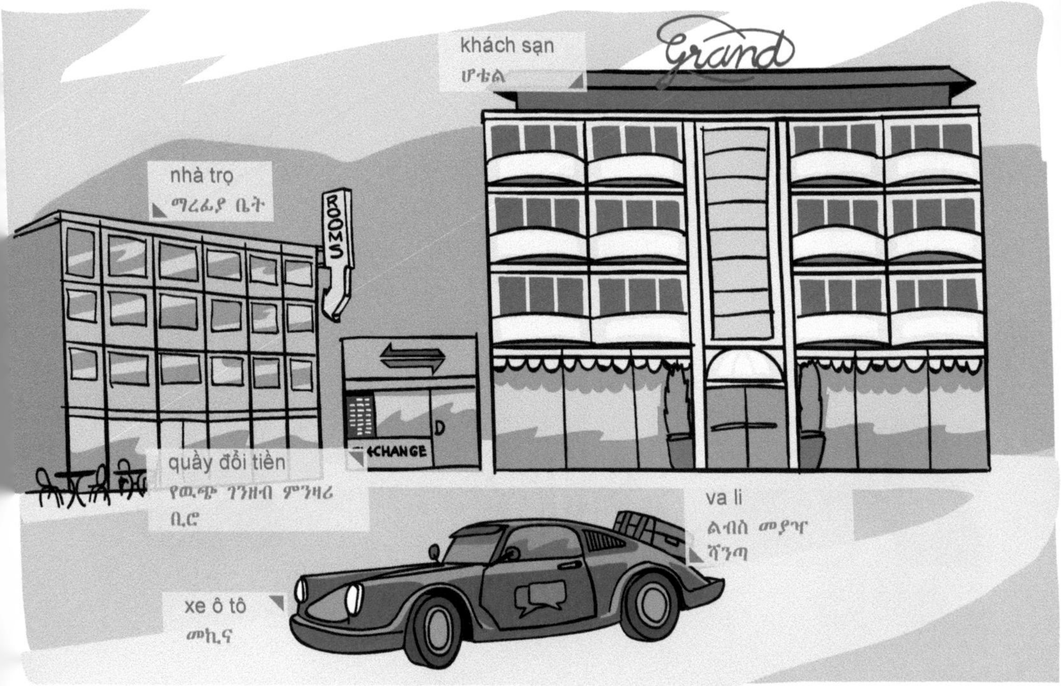

Grand
khách sạn
ሆቴል
nhà trọ
ማረፊያ ቤት
ROOMS
quầy đổi tiền
የዉጭ ገንዘብ ምንዛሪ ቢሮ
va li
ልብስ መያዣ ሻንጣ
xe ô tô
መኪና

ngôn ngữ
ቋንቋ

có / không
አዎ/ አይደለም

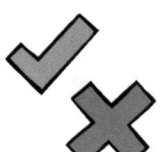

ô kê
እሺ

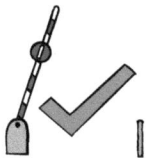

Xin chào
ሰላም

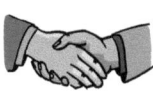

thông dịch viên
አስተርጓሚ

cám ơn
አመሰግናለሁ

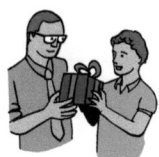

... bao nhiêu tiều?

ስንት ነዉ.......?

tôi không hiểu

አልገባኝም

vấn đề

እክል

Xin chào! (buổi tối)

እንደምን አመሹ!

xin chào! (buổi sáng)

እንደምን አደሩ!

chúc ngủ ngon!

መልካም ምሽት!

tạm biệt

ደህና ይሰንብቱ

hướng đi

አቅጣጫ

hành lý

ሻንጣ

túi xách

ቦርሳ

túi ba lô

የጀርባ ቦርሳ

khách

እንግዳ

phòng

ክፍል

túi ngủ

የመተኛ ቦርሳ

lều

ድንኳን

thông tin du lịch

የጎብኚዎች መረጃ

bãi biển

የባህር ዳርቻ

thẻ tín dụng

ክሬዲት ካርድ

ăn sáng

ቁርስ

ăn trưa

ምሳ

ăn tối

እራት

vé xe

ቲኬት

thang máy

አሳንስር

tem bưu điện

ማህተም

biên giới

ድንበር

hải quan

ባህሎች

đại sứ quán

ኤምባሲ

thị thực

ቪዛ/የይለፍ ወረቀት

hộ chiếu

ፓስፖርት

vận chuyển

መጓጓዣ

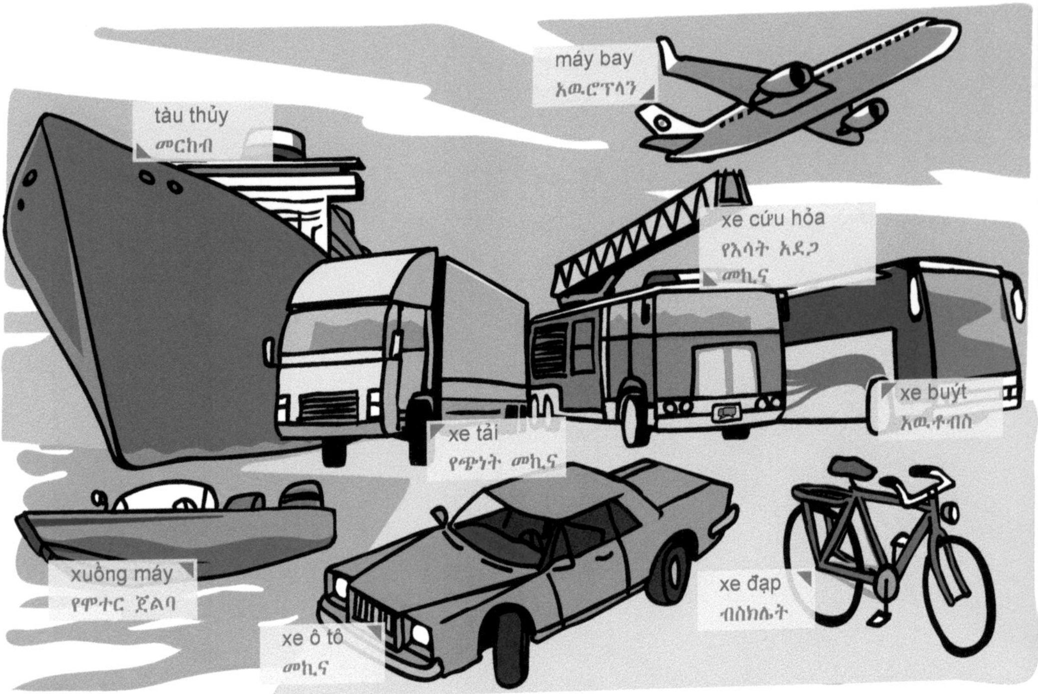
máy bay
አዉሮፕላን
tàu thủy
መርከብ
xe cứu hỏa
የእሳት አደጋ መኪና
xe buýt
አዉቶብስ
xe tải
የጭነት መኪና
xuồng máy
የሞተር ጀልባ
xe đạp
ብስክሌት
xe ô tô
መኪና

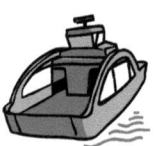

phà

የማመላለሻ ጀልባ

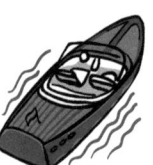

xuồng

ጀልባ

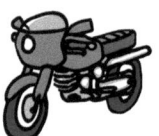

xe máy

የሞተር ብስክሌት

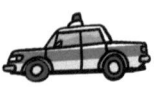

xe cảnh sát

የፖሊስ መኪና

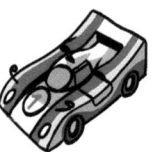

xe đua

የዉድድር መኪና

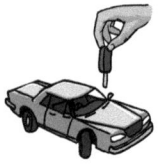

xe cho thuê

የኪራይ መኪና

công viên

መናፈሻ ቦታ

ghế băng

አግዳሚ ወንበር

cầu

ድልድይ

cầu thang

ደረጃዎች

tàu điện ngầm

ዉስጥ ለዉስጥ

đường hầm

ዋሻ

trạm xe buýt

የአዉቶቡስ ፌርማታ

quán bar

ባር

khách sạn

ምግብ ቤት

hòm thư công cộng

የፖስታ ሳጥን

bảng hiệu đường

የመንገድ ምልክት

đồng hồ đậu xe

የመኪና ማቆሚያ ሒሳብ የሚያሰላ
ማሽን

vườn bách thú

የደር እንስሳት ማቆያ

bể bơi

የመዋኛ ገንዳ

nhà thờ Hồi giáo

መስጊድ

nông trại

እርሻ

ô nhiễm môi trường

የሚበክል ነገር

nghĩa trang

መቃብር ስፍራ

nhà thờ

ቤተ ክርስቲያን

sân chơi

መጫወቻ ሜዳ

ngôi đền

ቤተ መቅደስ

phong cảnh

መልከዓምድር

lá cây
ቅጠል

bảng chỉ đường
የመንገድ ላይ ምልክት

lối đi
መንገድ

bãi cỏ
አረንጓዴ መስክ

hòn đá
ድንጋይ

người đi bộ đường dài
በእግሩ የሚጓዝ

cây
ዛፍ

sông
ወንዝ

cỏ
ሳር

bông hoa
አበባ

thung lũng

ሸለቆ

đồi

ኮረብታ

hồ nước

ሀይቅ

rừng

ጫካ

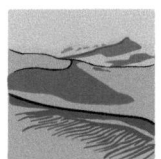

sa mạc

በረሃ

núi lửa

እሳተ ገሞራ

lâu đài

ግምብ

cầu vồng

ቀስተ ዳመና

nấm

እንጉዳይ

cây cọ

የቴምብር ዛፍ/ ዘንባባ

con muỗi

ቢንቢ./ የወባ ትንኝ

con ruồi

በራሪ

con kiến

ጉንዳን

con ong

ንብ

con nhện

ሸረሪት

bọ cánh cứng

ጢንዚዛ

con ếch

እንቁራሪት

con sóc

ሽኮኮ

con nhím

ጃርት

con thỏ

ጥንቸል

con cú

ጉጉት ወፍ

con chim

ወፍ

thiên nga

የዉሃ ዳክዬ

heo rừng

ከርከሮ

con hươu

አጋዘን

nai sừng tấm

አጋዘን

đê

ግድብ

tuabin gió

በነፋስ የሚሽከረከር

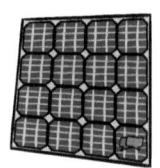

tấm năng lượng mặt trời

የፀሀይ ፓኔሎ

khí hậu

አየር ንብረት

khách sạn

ምግብ ቤት

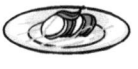

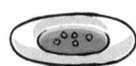

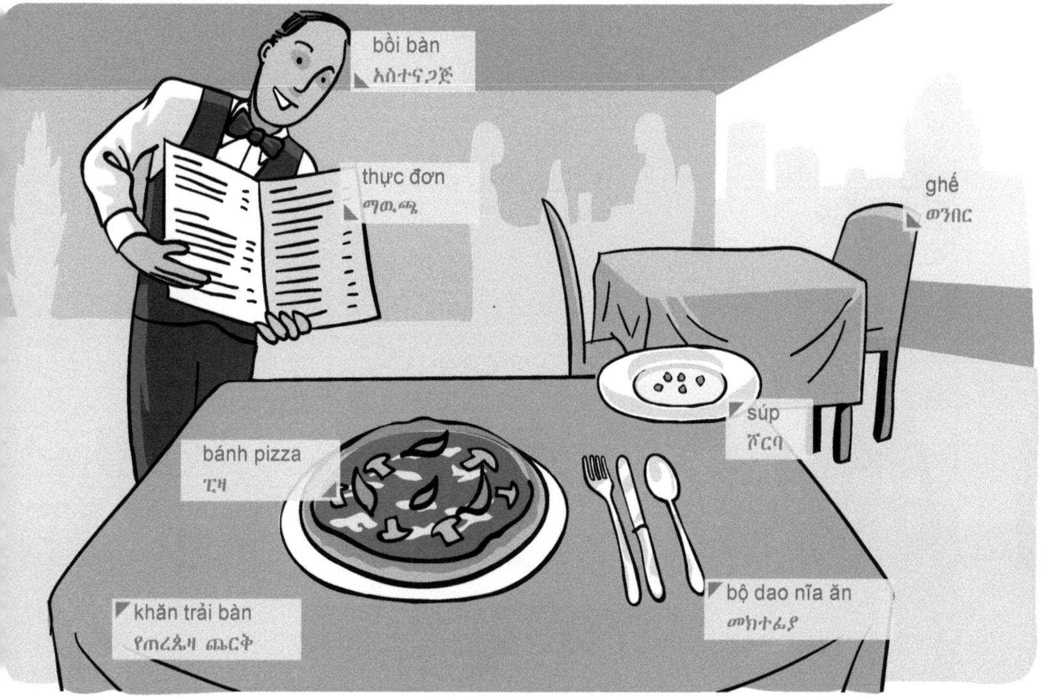
bồi bàn
አስተናጋጅ
thực đơn
ማዉጫ
ghế
ወንበር
súp
ሾርባ
bánh pizza
ፒዛ
khăn trải bàn
የጠረጴዛ ጨርቅ
bộ dao nĩa ăn
መክተፊያ

món ăn khai vị

የምግብ ፍላጎትን የሚከፍት ምግብ

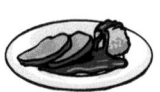

món ăn chính

ዋና ምግብ

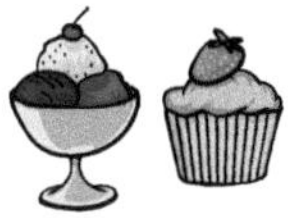

món tráng miệng

ማጣጣሚያ ተከታይ ምግብ

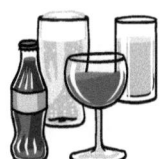

thức uống

መጠጦች

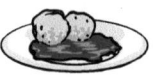

thức ăn

ምግብ

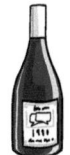

cái chai

ጠርሙስ

thức ăn nhanh

ፈጣን ምግብ

thức ăn đường phố

የመንገድ ምግብ

ấm trà

የሻይ ማንቆርቆሪያ

hộp đường

የስኳር እቃ

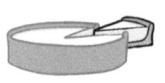

khẩu phần

ድርሻ

máy pha espresso

የቡና ማፊያ ማሽን

ghế cao

ባለጌ ወንበር

hóa đơn

የክፍያ ደረሰኝ

khay

ትሪ

dao

ቢላዋ

nĩa

ሹካ

thìa

ማንኪያ

thìa uống trà

የሻይ ማንኪያ

khăn ăn

ልብስ ምግብ እንዳይነካ የሚረዳ
ጨርቅ

cốc thủy tinh

ብርጭቆ

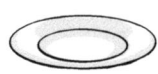

đĩa

ዝርግ ሰሀን

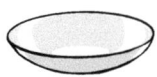

đĩa súp

የሾርባ ጎድጓዳ ሰሀን

đĩa lót cốc

የስኒ ማስቀመጫ

nước sốt

ማጣፈጫ ስጎ

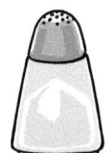

lọ muối

የጨው እቃ

cái xay tiêu

የተፈጨ ቃሪያ

giấm

ኮምጣጤ

dầu

የምግብ ዘይት

gia vị

ቀመማ ቅመሞች

nước xốt cà chua

የቲማቲም ድልህ

tương hạt cải

ሰናፍጭ

nước sốt mayonnaise

ማዮኒዝ

siêu thị

የሸቀጣ ሸቀጥ መደብር

chào giá đặc biệt
ልዩ አቅራቦት
FOR
khách hàng
ደምበኛ
sản phẩm từ sữa
የወተት ተዋፅዖ
trái cây
ፍራፍሬ
xe đẩy mua sắm
ባለ ጎማ የእጅ ጋሪ

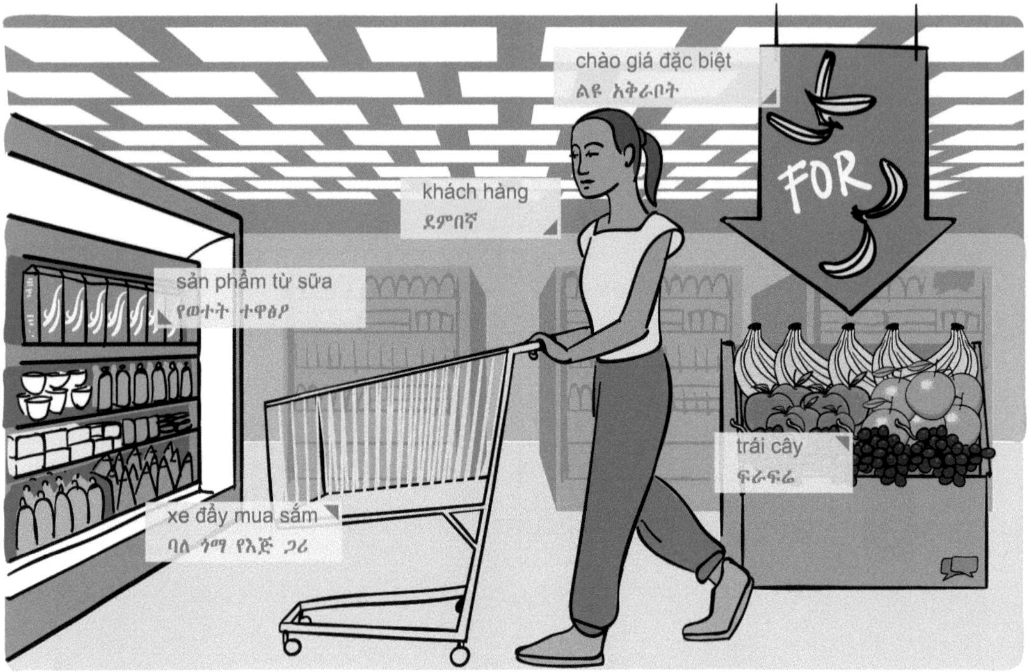

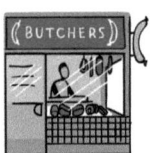

BUTCHERS

lò mổ

ሉካንዳ ነጋዴ

BAKERY

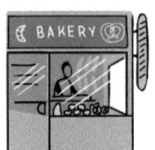

cửa hiệu bán bánh mì

መጋገርያ

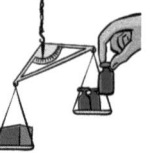

cân nặng

ክብደት መመዘን

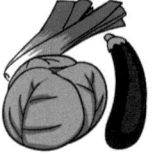

rau quả

ቅጠላ ቅጠል አትክልት

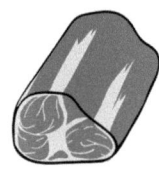

thịt

ስጋ

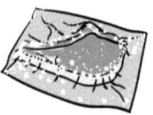

thức ăn đông lạnh

የቀዘቀዘ/የረጋ ምግብ

lát thịt nguội

ቀዝቃዛ ቁራጭ

đồ hộp

የታሸገ ምግብ

bột giặt

የማጠቢያ ዱቄት

đồ ngọt

ጣፋጮች

sản phẩm dùng trong gia đình

የቤት ዉስጥ ዉጤቶች

chất tẩy rửa

የፅዳት ምርቶች

người bán hàng

የሸያጭ ባለሙያ

quầy trả tiền

የገንዘብ መመዘቢያ ማሽን

nhân viên thu ngân

የሒሳብ ሰራተኛ

danh sách mua sắm

የግዢ ዝርዝር

giờ mở cửa

ክፍት ሰዓታት

ví tiền

የኪስ ቦርሳ

thẻ tín dụng

ክሬዲት ካርድ

túi đeo

ቦርሳ

túi ny lông

የፕላስቲክ ቦርሳ

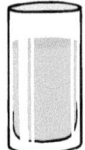

nước

ውሃ

nước quả ép

ጭማቂ

sữa

ወተት

coca-cola

ኮካ-ኮላ

rượu vang

ወይን

bia

ቢራ

cồn

አልኮል

cacao

ኮካ

trà

ሻይ

cà phê

ቡና

espresso

የተፈላ ቡና

cappuccino

ካፑቺኖ

chuối

መዝ

quả táo

ፖም

quả cam

ብርቱካን

dưa hấu

ሀብሀብ

chanh

ሎሚ

cà rốt

ካሮት

tỏi

ነጭ ሽንኩርት

tre

ሽምበቆ

củ hành

ቀይ ሽንኩርት

nấm

እንጉዳይ

hạt dẻ

ለዉዝ

mì

የህፃናት ምግብ

mì spaghetti

ፓስታ

cơm

ሩዝ

xà lách

ሰላጣ

khoai tây chiên

የድንች ጥብስ

khoai tây chiên

ድንች ጥብስ

bánh pizza

ፒዛ

bánh hamburger

ዳቦ ዉስጥ በስሱ ተጠብሶ የገባ
ስጋ

bánh mì sandwich

ሳንድዊች

thịt côtlet

ጥሬ ስጋ

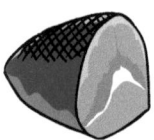

thịt giăm bông

የአሳማ ስጋ

xúc xích

በቅመምና በጨዉ የታሸ ምግብ
ቀዝቅዞ የሚበላ ሾርባ ምግብ

dồi

ቋሊማ

gà

ዶሮ

rán

ጥብስ

cá

አሳ

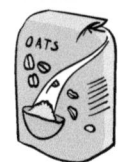

cháo yến mạch

የአጃ ገንፎ

cháo muesli

ከወተት ጋር ተደባልቀዉ የሚበሉ ምግቦች

bánh bột ngô nướng

የበቆሎ ቅርፊት

bột mì

ዱቄት

bánh sừng bò

ኩራሳ

bánh mì

ድብልብል ዳቦ

bánh mì

ዳቦ

bánh mì nướng

መጥበስ

bánh bích quy

ብስኩት

bơ

ቅቤ

sữa đông

እርጎ

bánh ngọt

ኬክ

trứng

እንቁላል

trứng rán

እንቁላል ጥብስ

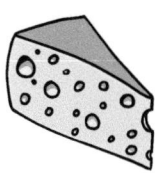

pho mát

አይብ

kem

የበረዶ ክሬም

đường

ስኳር

mật ong

ማር

mứt

ማርማላት

kem nougat

የተናጠ የወተት ክሬም

cà ri

ማጣፈጫ

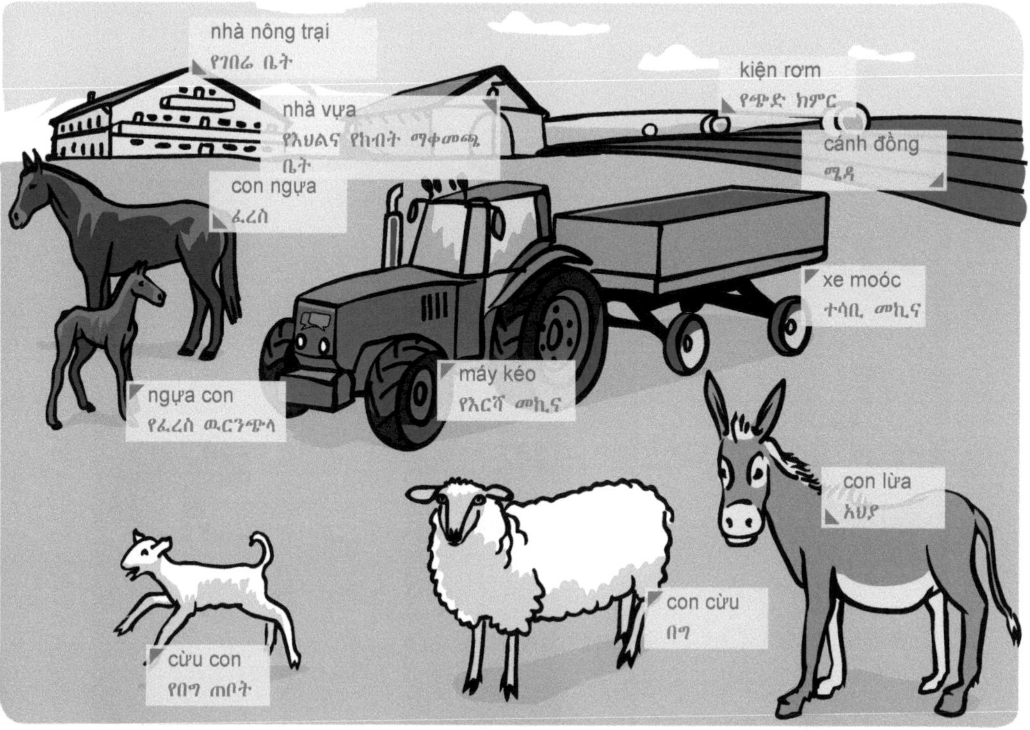

nhà nông trại
የገበሬ ቤት

kiện rơm
የጭድ ክምር

nhà vựa
የእህልና የከብት ማቀመጫ
ቤት

cánh đồng
ሜዳ

con ngựa
ፈረስ

xe moóc
ተሳቢ መኪና

ngựa con
የፈረስ ዉርንጭላ

máy kéo
የእርሻ መኪና

con lừa
አህያ

con cừu
በግ

cừu con
የበግ ጠቦት

con dê

ፍየል

con bò

ላም

con bê

ጥጃ

con lợn

አሳማ

lợn con

ግልገል አሳማ

bò đực

ኮርማ

con ngỗng

ዝይ

con vịt

ዳክዬ

gà con

የዶሮ ጫጩት

gà mái

ዶር

gà trống

አውራ ዶሮ

con chuột

አይጥ

mèo

ደድመት

chuột nhắt

አይጥ

bò đực

በሬ

con chó

ውሻ

nhà chuồng chó

የውሻ ቤት

ống tưới vườn cây

የአትክልት ቦታ

thùng tưới cây

ውሃ ማጠጫ ባልዲ

lưỡi hái

ረጅም ማጭድ

cái cày

ማረሻ

cái liềm

ማጭድ

cái cuốc

መኮትኮቻ

cái chĩa

የእህል መንሽ

cái rìu

መጥረቢያ

xe cút kít

ኩርኩር/ የእጅ ጋሪ

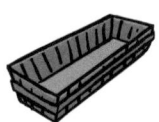

máng ăn

ገንዳ

lọ sữa

የወተት ዕቃ

bao tải

ጆንያ ከረጢት

hàng rào

አጥር

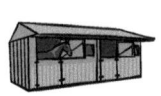

chuồng

የፈረስ ጋጣ

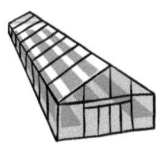

nhà kính trồng cây

ዕፅዋት ማሳደጊያ የመስታዉት
ቤት

đất trồng

አፈር

hạt giống

ዘር

phân bón

የመሬት ማዳበሪያ

máy gặt đập liên hợp

ጥምር ማረሻ

thu hoạch

አዝመራ መሰብሰብ

mùa thu hoạch

አዝመራ

khoai lang

ድንች

lúa mì

ስንዴ

đậu nành

ሶያ

khoai tây

ድንች

ngô

በቆሎ

hạt cải dầu

የከብት መኖ

cây ăn trái

የፍሬ ዛፍ

sắn

የካሳቫ ዛፍ

ngũ cốc

እህል

nhà

ቤት

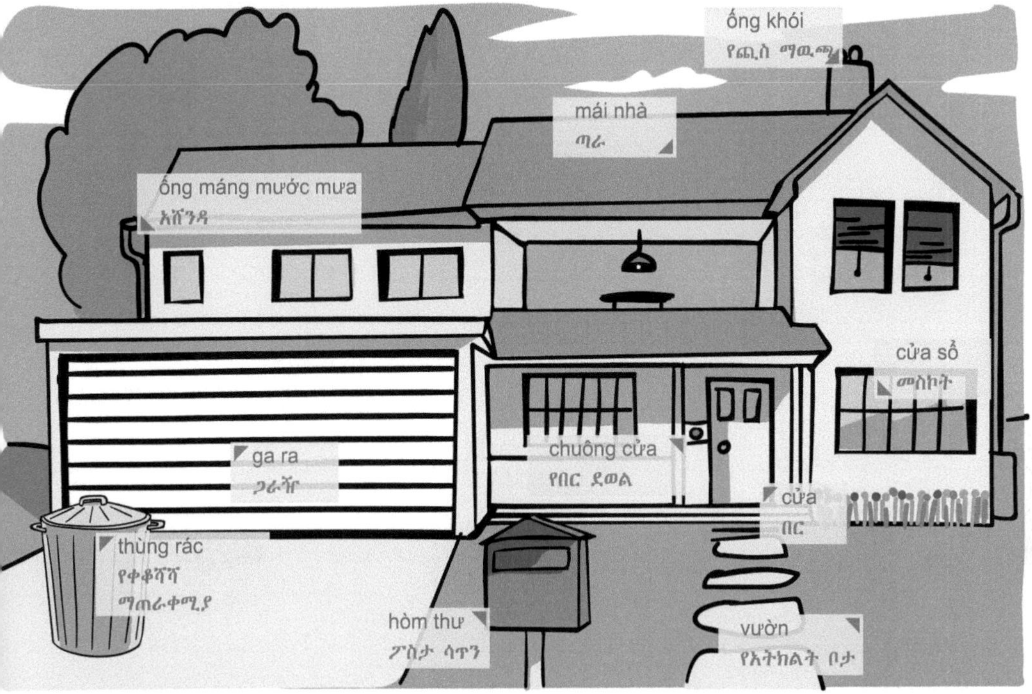

ống khói
የጪስ ማዉጫ
mái nhà
ጣራ
ống máng mước mưa
አሸንዳ
cửa sổ
መስኮት
chuông cửa
የበር ደወል
ga ra
ጋራዥ
cửa
በር
thùng rác
የቀቆሻሻ
ማጠራቀሚያ
hòm thư
ፖስታ ሳጥን
vườn
የአትክልት ቦታ

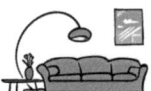

phòng khách

ሳሎን

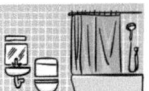

phòng tắm

መታጠቢያ ቤት

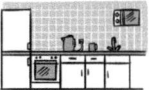

bếp

ማድቤት

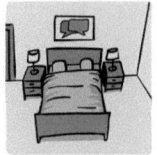

phòng ngủ

መኝታ ቤት

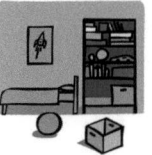

phòng trẻ em

የልጅ ክፍል

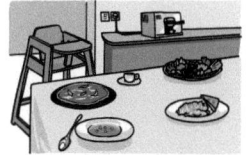

phòng ăn

መመገቢያ ክፍል

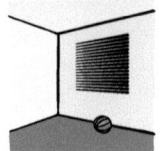

nền nhà

ወለል

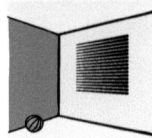

tường

ግድግዳ

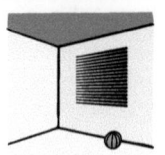

trần nhà

ጣሪያ

tầng hầm

ምድር ቤት

tắm hơi

በእንፋሎት ሙቀት መታጠቢያ ቤት

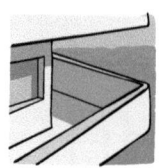

ban công

ሰገነት

sân hiên

ከፍ ያለ መደብ

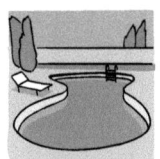

bể bơi

የመዋኛ ገንዳ

máy cắt cỏ

የማጨጃ መኪና

khăn trải giường

አንሶላ

khăn trải giường

የአልጋ ልብስ

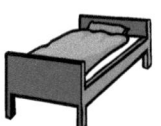

giường

አልጋ

chổi

መጥረጊያ

cái xô

ባልዲ

công tắc điện

ማብሪያና ማጥፊያ

phòng khách

ሳሎን

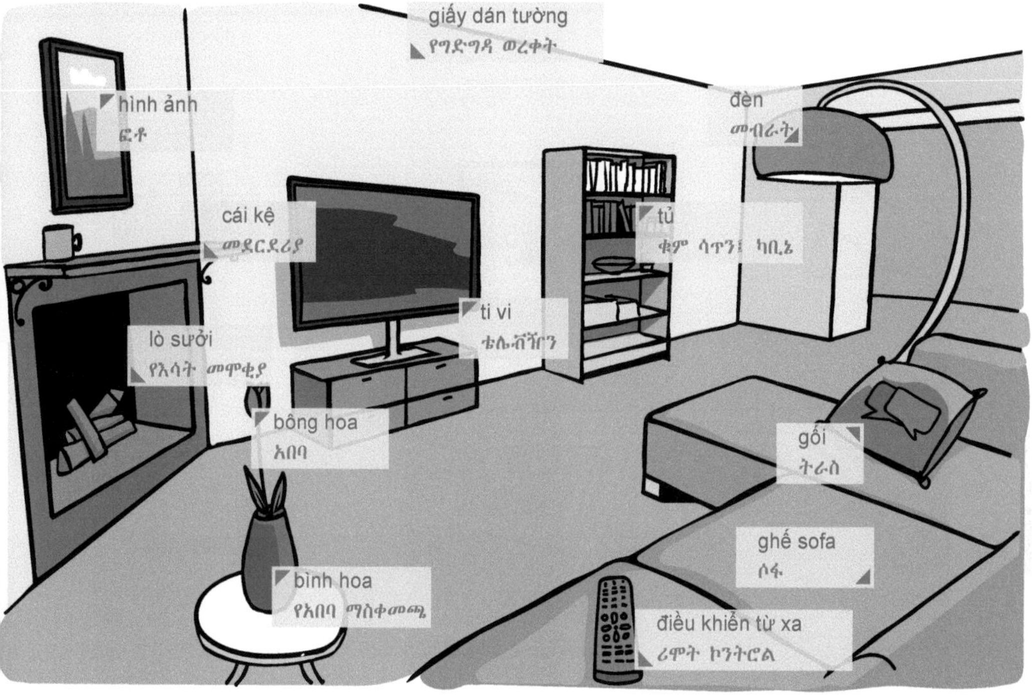
giấy dán tường
የግድግዳ ወረቀት
hình ảnh
ፎቶ
đèn
መብራት
cái kệ
መደርደሪያ
tủ
ቁም ሳጥን፣ ካቢኔ
ti vi
ቴሌቭዥን
lò sưởi
የእሳት መሞቂያ
bông hoa
አበባ
gối
ትራስ
ghế sofa
ሶፋ
bình hoa
የአበባ ማስቀመጫ
điều khiển từ xa
ሪሞት ኮንትሮል

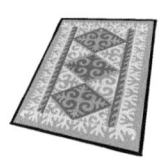

thảm

ንጣፍ

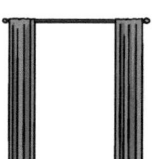

rèm

መጋረጃ

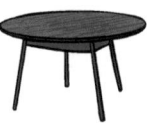

cái bàn

ጠረጴዛ

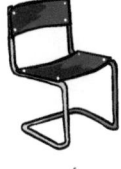

ghế

ወንበር

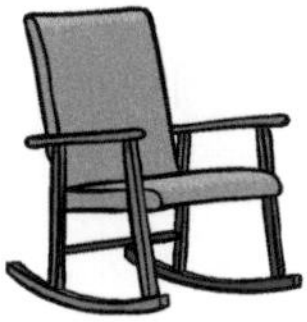

ghế bập bênh

ተወዛዋዥ ወንበር

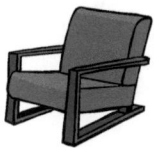

ghế bành

ባለመደገፊያ ወንበር

sách

መጽሐፍ

cái chăn

ብርድ ልብስ

đồ trang trí

ጌጥ

củi

ማገዶ

phim

ፊልም

máy hi-fi

የሙዚቃ መማሪ‪ወ‬ቻ

chìa khóa

ቁልፍ

báo

ጋዜጣ

bức tranh

ስዕል

áp phích

የተለጠፈ ማስታወቂያ እንደ ስዕል

radio

ራዲዮ

sổ ghi chép

ማስታወሻ ደብተር

máy hút bụi

የአየር ማ‪ፅ‬ጃ ለምንጣፍ

cây xương rồng

ቁልቋል

cây nến

ሻማ

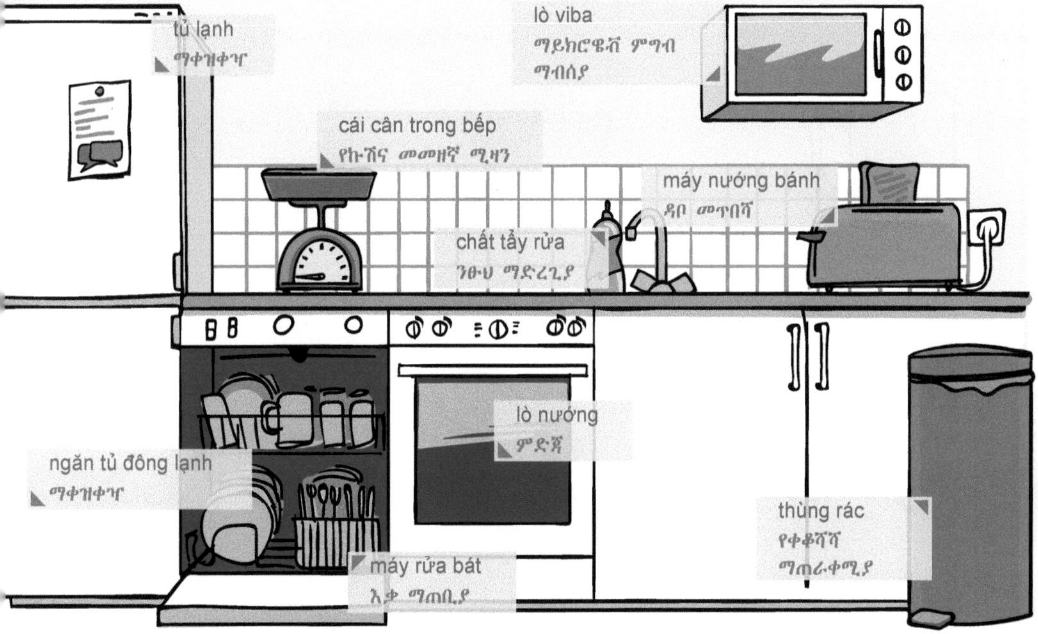

tủ lạnh
ማቀዝቀዣ

lò viba
ማይክሮዌቭ ምግብ
ማብሰያ

cái cân trong bếp
የኩሽና መመዘኛ ሚዛን

chất tẩy rửa
ንፁህ ማድረጊያ

máy nướng bánh
ዳቦ መጥበሻ

lò nướng
ምድጃ

ngăn tủ đông lạnh
ማቀዝቀዣ

thùng rác
የቀቆሻሻ
ማጠራቀሚያ

máy rửa bát
እቃ ማጠቢያ

lò nấu

ምግብ አብሳይ

nồi

ማሰሮ

nồi sắt

የብረት ማሰሮ

chảo

ምግብ ማብሰያ ዝርግ ድስት

chảo

የምግብ መጥበሻ

ấm đun nước

ማንቆርቆሪያ

nồi đun hơi

የእንፉሎት ማብሰያ

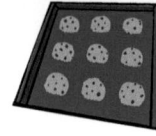

khay lò nướng

የመጋገሪያ ትሪ

bát đĩa

ሰብስቦች

cốc

ትልቅ ኩባያ

cái bát

ጎድጓዳ ሳህን

đũa

ቾፕስቲክስ

cái vá

ጭልፋ

bàn xẻng

መሰቅሰቂያ ዘርግ ማንኪያ

que đánh kem

ማደባለቂያ

rây dùng trong bếp

መወጠሪያ

cái rây lọc

ወንፊት

cái nạo

መፈርፈሪያ መሳሪያ

vữa

ሲሚንቶ

vỉ nướng

የፍም ጥብስ

ngọn lửa trần

የተለቀቀ እሳት

cái thớt

መክተፊያ

trục cán bột

ተንሽራታች መርፊ

cái mở nút chai

የጠርሙስ መክፈቻ

vỏ đồ hộp

ጣሳ

cái mở vỏ đồ hộp

የጣሳ መክፈቻ

miếng nhắc nồi

የ ሰሮ መሽፈኛ

bồn rửa bát

ሳህን ጠቢያ

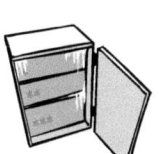

bàn chải

ፉሽ

miếng xốp

ስፖንጅ

máy xay

መደባለቂያ መሳሪያ

tủ đông lạnh

በጣም ቀዝቀዝ

bình sữa cho trẻ sơ sinh

ጡጦ

vòi nước

ቧንቧ

phòng tắm

መታጠቢያ ቤት

lò sưởi
ማሞቂያ
vòi hoa sen
መታጠቢያ
khăn lau
ፎጣ
rèm che ngăn tắm
መታጠቢያ ቤት መጋረጃ
tắm bọt
አረፋ መታጠቢያ
bồn tắm
መታጠቢያ ገንዳ
cốc thủy tinh
ብርጭቆ
máy giặt
ልብስ ማጠቢያ
vòi nước
ቧንቧ
gạch lát
ማዕዘን ወለል
cái bô
ፖፖ
bồn rửa bát
ሳህን ማጠቢያ

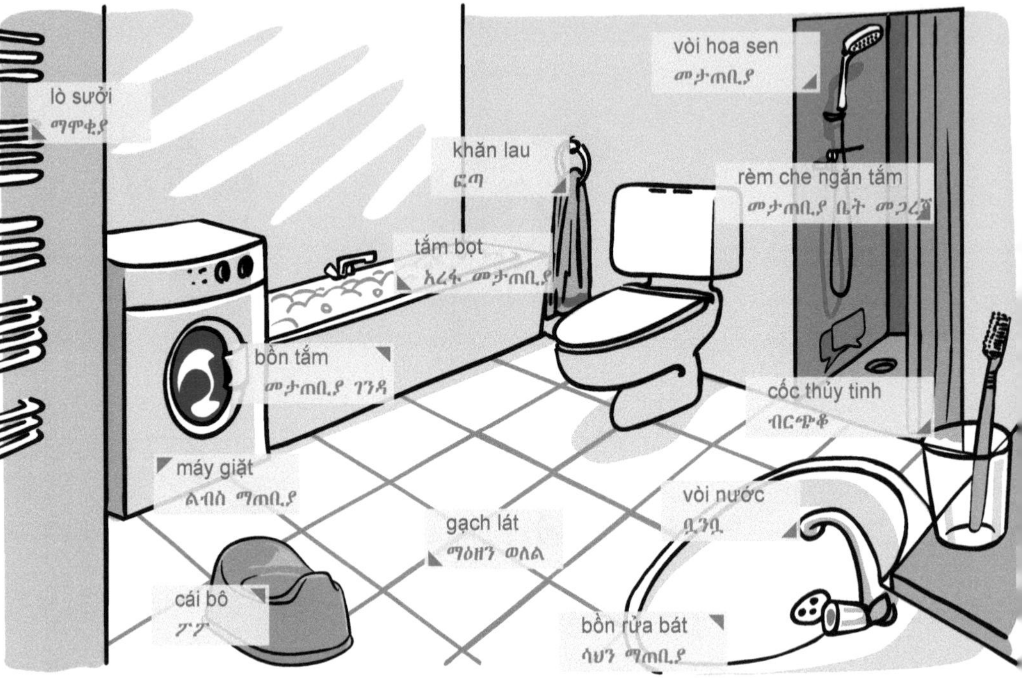

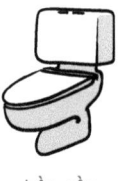

bồn cầu

ሽንት ቤት

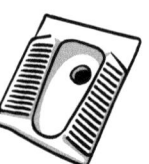

bồn cầu ngồi xổm

ሽንት ቤት መቀመጫ

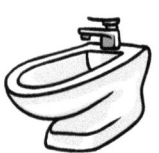

bồn rửa hậu môn

ሳፋ

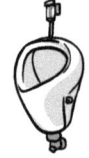

bồn tiểu tiện

መንገድ ዳር መሽኛ

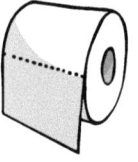

giấy vệ sinh

ሽንት ቤት ወረቀት

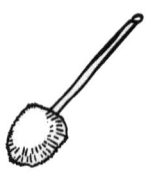

bàn chải cọ bồn cầu

ሽንት ቤት ማፅጃ ብሩሽ

bàn chải đánh răng

የጥርስ ብሩሽ

kem đánh răng

የጥርስ ሳሙና

chỉ nha khoa

የጥርስ ግፅጃ ክር

rửa

መታጠብ

vòi sen cầm tay

የእጅ መታጠቢያ

vòi rửa hậu môn

መታጠቢያ

bồn rửa

ጎድጓዳ ሳህን

bàn chải cọ lưng

የጀርባ ብሩሽ

xà phòng

ሳሙና

sữa tắm

የመታጠቢያ የሚዝለገለግ ሳሙና

dầu gội

የፀጉር መታጠቢያ ሳሙና

khăn cọ để tắm

ለሰላሳ ጨርቅ

lỗ thoát nước

ፍሳሽ

kem

ክሬም

chất khử mùi

ጠረን መቀየሪያ ንጥረ ነገር

gương

መስታወት

gương tay

የእጅ መስታወት

dao cạo râu

ምላጭ

kem cạo râu

የመላጨ አረፋ

nước thơm dùng sau khi cạo râu

ከመላጨት በኋላ የሚቀባ ሽቱ

cái lược

ማበጠሪያ

bàn chải

ብሩሽ

máy xấy tóc

የፀጉር ማድረቂያ

keo xịt tóc

በፀጉር ላይ የሚነፋ

đồ trang điểm

የፊት መቀባቢያ

thỏi son môi

የከንፈር ቀለም

sơn bôi móng

የጥፍር ቀለም

bông

የጥጥ ሱፍ

kéo cắt móng

ጥፍር መቁረጫ

nước hoa

ሽቶ

túi đựng đồ tắm

ማጠቢያ ባልዲ

ghế đẩu

መቀመጫ

cái cân

ሚዛን

áo choàng tắm

የመታጠቢያ ልብስ

găng tay làm vệ sinh

የላስቲክ ጓንት

nút gạc

ሞዶስ

băng vệ sinh

የዕዳት ፎጣ

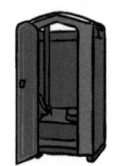

nhà vệ sinh hóa chất

የሽንት ቤት ኬሚካል

phòng trẻ em

የልጅ ክፍል

đồng hồ báo thức
የማንቂያ ደወል ሰዐት
thú bông
የህፃን አሻንጉሊት
xe đồ chơi
የመጫወቻ መኪና
cái lúc lắc
ማንገጫገጫ
መጫወቻ
nhà búp bê
የአሻንጉሊት ቤት
món quà
ስጦታ

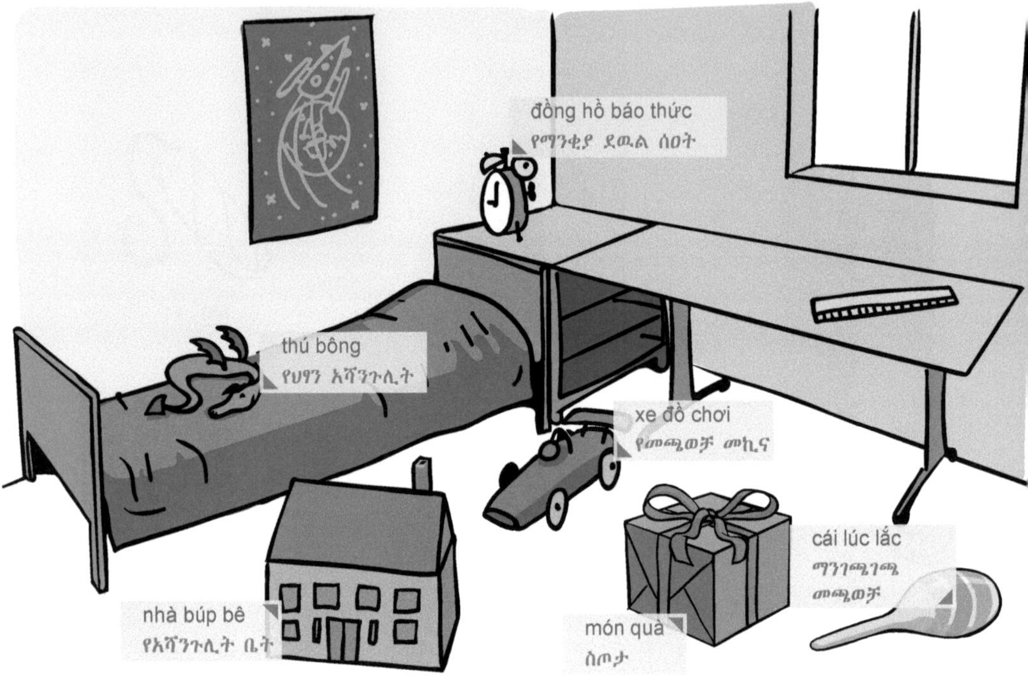

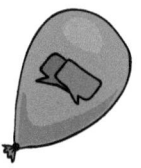

bong bóng

ፊኛ

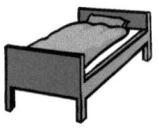

giường

አልጋ

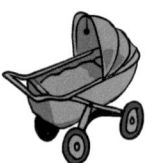

xe nôi

የህፃን ማንሸራሸሪያ ጋሪ

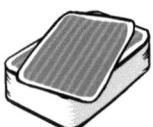

trò chơi bài

የካርታ መጫወቻ

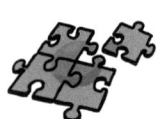

trò chơi ghép hình

ቁርጥራጭ ምስሎችን የማገጣጠም
እና ምስል የማግኘት ጨዋታ

SUPER
MEGA

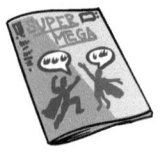

truyện tranh

አዝናኝ

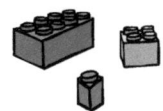

gạch Lego

ተገጣጣሚ መጫወቻ

khối xếp hình

የመጫወቻ መገጣጠሚያዎች

nhân vật hành động

የድርጊት ምስል

áo liền quần cho trẻ sơ sinh

የህፃን እድገት

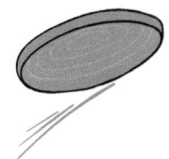

đĩa nhựa để ném

የፕላስቲክ መጫወቻ ዝርግ ሰህን

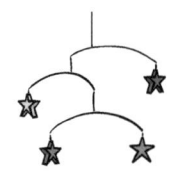

đồ chơi treo trên giường

ተወዛዋዥ የህፃን ማጫወቻ

trò chơi cờ bàn

የሰሌዳ ጨዋታ

xúc xắc

የመጫወቻ ጠጠር

đồ chơi xe lửa mô hình

የመጫወቻ ባቡር

ti giả

የእንጀራ እናት ጡጦ

buổi tiệc

ድግስ

sách tranh

የስዕል መፅሀፍ

quả bóng

ኳስ

búp bê

አሻንጉሊት

chơi

መጫወት

hố cát

የአሸዋ መጫወቻ

cái đu

ኣዋኣዊ

đồ chơi

መጫወቻዎች

máy chơi game cầm tay

የቪዲዮ መጫወቻ

xe ba bánh

ባለ ሶስት ጎማ ብስክሌት

gấu bông

የአሻንጉሊት ድብ

tủ quần áo

ቁምሳጥን

bít tất

ካልሲዎች

bít tất dài

ስቶኪንጎች

quần tất

ታይት

khăn choàng cổ
የአንገት ልብስ

ô che mưa
ግንጥላ

áp phông
ከናቴራ

dây thắt lưng
ቀበቶ

ủng
ቦቲ

dép đi trong nhà
የቤት ዉስጥ ነጠላ ጫማ

giày sneaker
ስኒከሮች

dép xăng đan
ነጠላ ጫማዎች

giày
ጫማዎች

ủng cao su
የዝናብ ቡትስ

quần lót
ሙታንታ

áo ngực
ጡት መያዣ

áo vest
ሰደርያ

áo ôm sát cơ thể

ሰዉነት

quần dài

ሱሪዎች

quần bò

ጅንስ

váy

ጉርድ ቀሚስ

áo cánh

ሸሚዝ

áo sơ mi

ሸሚዝ

áo len chui đầu

የሚጠለቅ ሹራብ

áo len

ሹራብ

áo blazer

ዩኒፎርም ጃኬት

áo jacket

ጃኬት

áo khoác

ኮት

áo mưa

የዝናብ ኮት

trang phục

ልብስ

áo váy

ቀሚስ

áo cưới

የመሙሽራ ቀሚስ

46   y phục - አልባሳት

bộ com lê

ሱፍ

áo ngủ

የለሊት ልብስ

pijama

የለሊት ልብስ

trang phục sari

ረጅም ቀሚስ

khăn trùm đầu

ሂጃብ

khăn đội đầu

ጥምጣም

áo burka

ቡርቃ

áo captan

ሸርጥ

áo aba

አባያ

quần áo bơi

የዋና ልብስ

quần bơi

አጭር ቁምጣ

quần đùi

ቁምጣዎች

quần áo tracksuit

የስራ ቱታ

tạp dề

ሸርጥ

găng tay

ጓንት

cái cúc

ቁልፍ

kính mắt

መነፅር

vòng đeo tay

አምባር

vòng cổ

የአንገት ሀብል

nhẫn

ቀለበት

hoa tai

የጆሮ ጌጥ

mũ lưỡi trai

ኮፍያ

cái mắc treo áo quần

የኮት መስቀያ

mũ

ኮፍያ

cà vạt

ከረባት

dây kéo phéc mơ tuya

ዚፕ

mũ bảo hiểm

የብረት ቆብ

dây đeo quần

መደገፊያ

đồng phục học sinh

የትምህርት ቤት የደንብ ልብስ

đồng phục

የደንብ ልብስ

48   y phục - አልባሳት

yếm trẻ em

መሀረብ

ti giả

የእንጀራ እናት ጡጦ

tã lót

ሽንት ጨርቅ

văn phòng

ቢሮ

tủ hồ sơ

የፋይል መ ር ሪያ

ካቢኔ

máy chủ

ማስራጫ

ጣቢያ

máy in

የህትመት መሳሪያ

màn hình

መቆጣጠሪያ

giấy

ወረቀት

thư mục

ማህ ር

bàn làm việc

መ ሪያ ጠረጴዛ

chuột máy tính

ማ ዝ

bàn phím

የመ ሪ ቁልፎች

thùng rác giấy

የቆ ወረቀት መጣያ

ቅርጫት

máy tính

ኮምፒ ተር

ghế

ወንበር

cốc cà phê

የቡና መጠጫ ትልቅ ኩባያ

máy tính bỏ túi

ማ ልያ ማሽን

internet

ኢንተርኔት

laptop

ላፕቶፕ

thư

ብዳቤ

tin nhắn

መልዕክት

điện thoại di động

ንቀሳቃሽ ስልክ

mạng

የግንኙነት አዉታር

máy photocopy

ማባዣ ማሽን

phần mềm

ሶፍትዌር

điện thoại

ስልክ

ổ cắm điện

የግድግዳ ሶኬት

máy fax

የፋክስ ማሽን

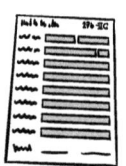

mẫu đơn

ቅፅ

chứng từ

ሰነድ

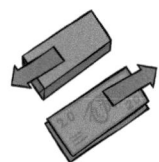

mua

መግዛት

trả tiền

መክፈል

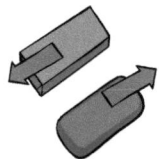

buôn bán

መነገድ

tiền

ገንዘብ

đô la

ዶላር

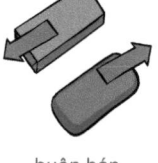

Euro

ዩሮ

yên

የን

rúp

ሩብል

franc Thụy Sĩ

የስዊዝ ፍራንክ

nhân dân tệ

ንሚንቢ ዩዋን

rupi

ሩዲ.

máy rút tiền tự động

የገንዘብ ነ ብ

quầy đổi tiền

የዉጭ ገንዘብ ምንዛሪ ቢሮ

vàng

ወርቅ

bạc

ብር

dầu

ዘይት

năng lượng

ሀይል፤ ጉልበት

giá tiền

ዋጋ

hợp đồng

ግንኙነት

thuế

ቀረጥ

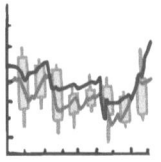

cổ phiếu

አክስዮን

làm việc

መስራት

nhân viên

ተቀጣሪ

chủ lao động

ቀጣሪ

nhà máy

ፋብሪካ

cửa hiệu

ሱቅ

nhân viên cảnh sát
የፖሊስ አዛዥ

lính cứu hỏa
የእሳት አደጋ ሰራተኛ

đầu bếp
ምግብ አብሳይ

bác sĩ
ዶክተር

phi công
አብራሪ

người làm vườn

አትክልተኛ

thợ mộc

እናጢ

thợ may

ልብስ ሰፊ ሴት

chánh án

ዳኛ

nhà hóa học

ቀማሚ

diễn viên

ተዋናይ

tài xế xe buýt

የአዉቶቢስ ሹፌር

người lái taxi

የታክሲ ሹፌር

ngư dân

አሳ አጥማጅ

người lau dọn vệ sinh

ፅዳት ሰራተኛ

thợ lợp mái nhà

የጣራ ሰራተኛ

bồi bàn

አስተናጋጅ

thợ săn

አዳኝ

họa sĩ

ሰዓሊ

thợ làm bánh

ጋጋሪ

thợ điện

የኤሌትሪክ ሰራተኛ

thợ xây dựng

ገምቢ

kỹ sư

መሃሃዲስ

người hàng thịt

ልካንዳ

thợ sửa ống nước

የቧንቧ ሰራተኛ

người đưa thư

የፖስታ ሰራተኛ

người lính

ወታደር

kiến trúc sư

መሃንዲስ

nhân viên thu ngân

የሒሳብ ሰራተኛ

người bán hoa

አበባ ሻጭ

thợ cắt tóc

የፀጉር ሰራተኛ

nhân viên soát vé

ቲኬት ቆራጭ

thợ cơ khí

መካኒክ

thuyền trưởng

ካፒቴን

nha sĩ

የጥርስ ሐኪም

nhà khoa học

ተመራማሪ

giáo sĩ Do thái

መምህር

lãnh tụ Hồi giáo

የሙስሊም ሃይማኖታዊ መሪ

nhà sư

መነኩሴ

mục sư

ካህን

dụng cụ
መሳሪያዎች

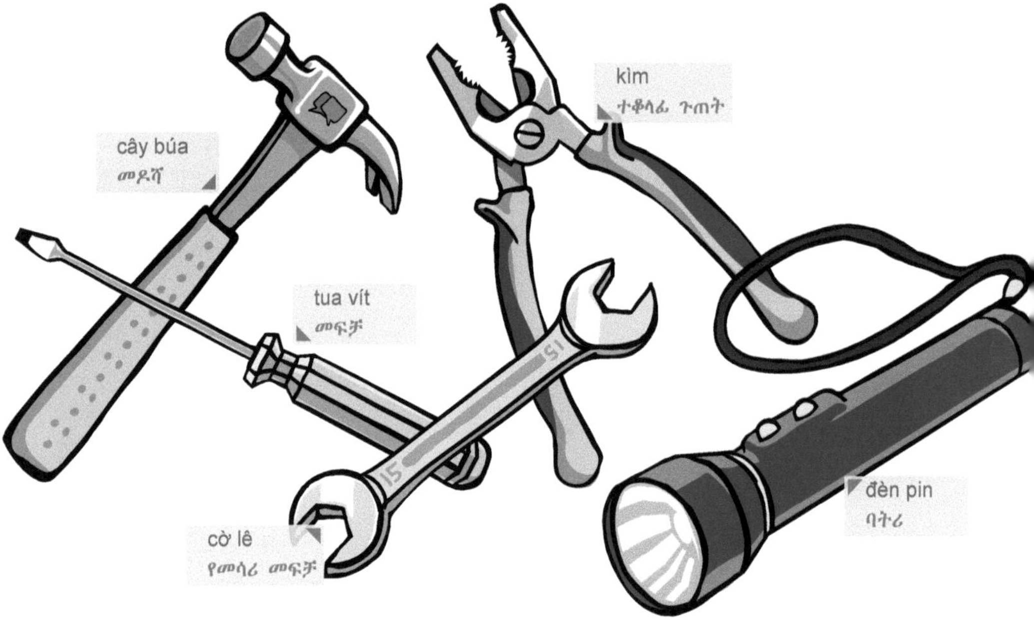

cây búa
መዶሻ
kìm
ተቆላፊ ጉጠት
tua vít
መፍቻ
cờ lê
የመሳሪ መፍቻ
đèn pin
ባትሪ

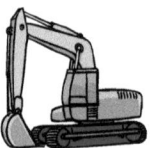

máy xúc đất

በቁፋሮ የሚዝቅ

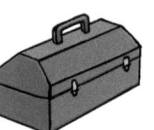

hộp dụng cụ

የመፍቻ ሳጥን

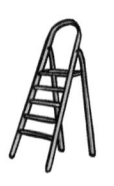

cái thang

መሰላል

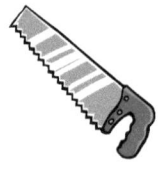

cưa

መጋዝ

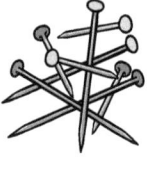

đinh

ምስማር

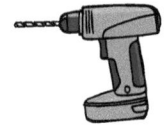

máy khoan

መሰርሰሪያ

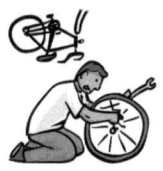

sửa chữa

መጠገን

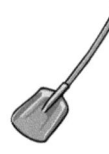

cái xẻng

አካፋ

khốn nạn!

የተረገመ!

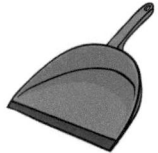

cái hót rác

ቆሻሻ ማፈሻ

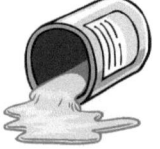

thùng sơn

የቀለም ቆርቆሮ

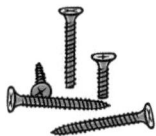

vít

ብሎን

nhạc cụ
የሙዚቃ መሳሪያዎች

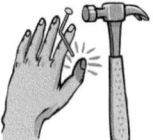

loa
የድምፅ ማጉያ መሳርያ
bộ trống
የከበሮ መሳሪያዎች
đàn ghi ta
ክራር መሰል የሙዚቃ መሳሪያ
kèn trompet
የትንፋሽ ሙዚቃ መሳሪያ
đàn công tra bát
ድርብ ቤዝ ጊታር

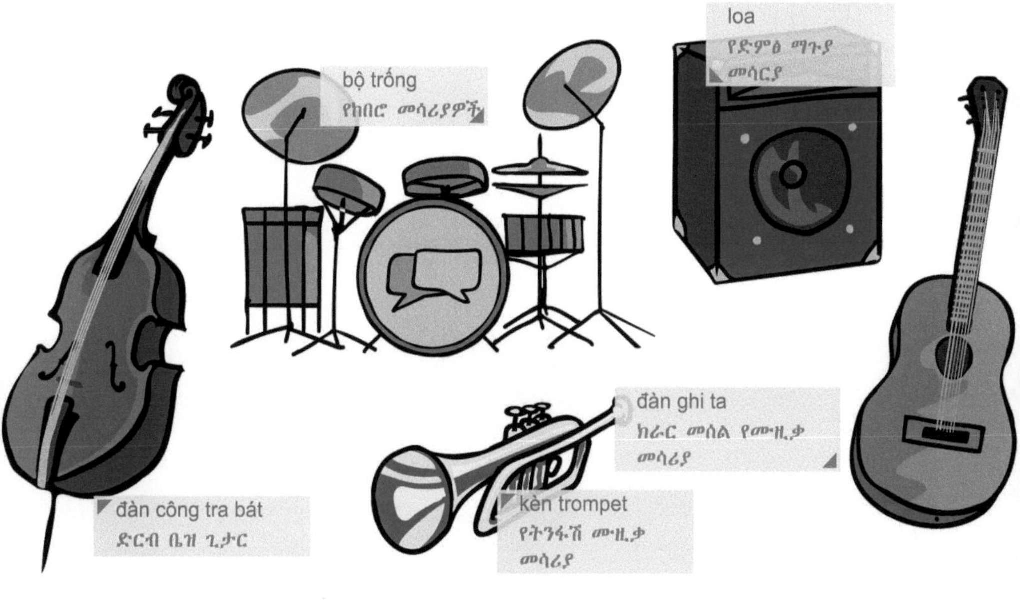

đàn piano

ፒያኖ

đàn vĩ cầm

ቫዮሊን

ghi ta bass

ወፍራም፣ ጎርናና ድምፅ ያለዉ ክራር መሰል ሙዚቃ መሳሪያ

trống định âm

ነጋሪት

trống

ከበሮ

đàn organ

በኤሌክትሪክ የሚሰራ ፒያኖ

kèn Saxophone

የትንፋሽ ሙዚቃ መሳሪያ

sáo

ዋሽንት

micro

የድምፅ ማጉያ

vườn bách thú

የደር እንስሳት ማቆያ

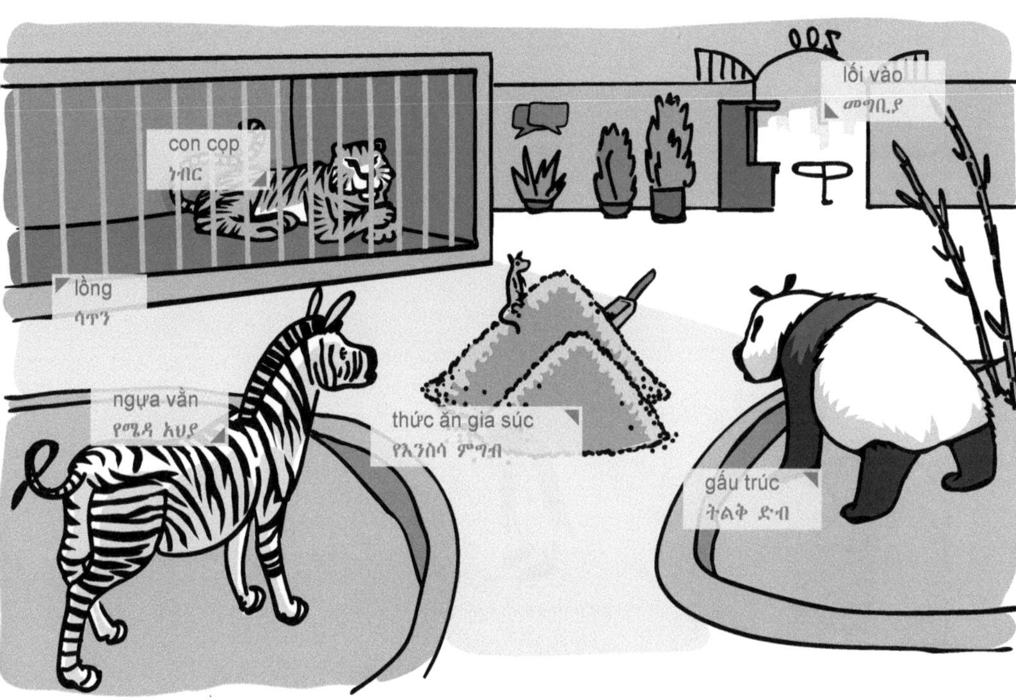

lối vào
መግቢያ
con cọp
ነብር
lồng
ሳጥን
ngựa vằn
የሜዳ አህያ
thức ăn gia súc
የእንስሳ ምግብ
gấu trúc
ትልቅ ድብ

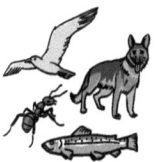

động vật

እንስሳ ች

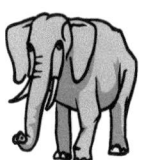

con voi

ዝሆን

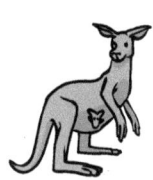

chuột túi

ካንጋሮ

tê giác

አዉራሪስ

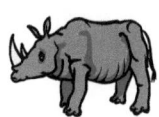

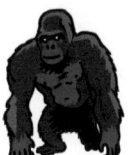

khỉ đột

ትልቅ ዝን ሮ

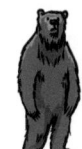

con gấu

ድብ

lạc đà

ግመል

đà điểu

ሰጎን

sư tử

አንበሳ

con khỉ

ጦጣ

hồng hạc

ቅልጥም ረጃሯም ወፍ

con vẹt

በቀቀን

gấu bắc cực

የወዋልታ ድብ

chim cánh cụt

የዋልታ ወፎች

cá mập

ረጅም ጥርሶች ያሉትአሳ ነባሪ

con công

ጣዎስ

con rắn

እባብ

cá sấu

አዞ

người trông giữ vườn bách
thú

የዱር አራዊት የሚጠበቁበት
ማቆያን የሚጠብቅ

hải cẩu

አሳ በሊታ የባሀር እንስሳ

báo đốm

የዱር ድመት

ngựa lùn

ድንክ ፈረስ

con báo

ነብር

hà mã

ጉማሬ

hươu cao cổ

ቀጭኔ

đại bàng

ንስር

heo rừng

ከርከሮ

cá

አሳ

con rùa

የባህር ኤሊ

hải mã

የባህር አውሬ

con cáo

ቀበሮ

linh dương

የሜዳ ፍየል ፤ ሚዳቋ

bóng bầu dục Mỹ
የአሜሪካ እግርኳስ

đua xe đạp
የብስክሌት ስፖርት

quần vợt
ቴኒስ

bóng rổ
የቅርጫት ኳስ

bơi
ዋና

đấm bốc
የቡጢ ስፖርት

khúc côn cầu trên băng
የበረዶ ላይ የገና ጨዋታ

bóng đá
እግር ኳስ

cầu lông
የላባ ኳስ ጨዋታ

điền kinh
አትሌቲክስ

bóng ném
የእጅ ኳስ ስፖርት

trượt tuyết
የበረዶ መንሸራተት ስፖርት

polo
ፈረስ ግልቢያ

nhảy
መዝለል

cười
መሳቅ

ôm
ማቀፍ

đi bộ
መራመድ

ca hát
መዘመር

mơ
ህልም ማለም

cầu nguyện
መፀለይ

hôn
መሳም

viết
መፃፍ

vẽ
መሳል

chỉ trỏ
ማሳየት

đẩy
መግፋት

cho
መስጠት

lấy đi
መዉሰድ

có

ማያዝ

làm

ማድረግ

thì / là

መሆን

đứng

መቆም

chạy

መሮጥ

kéo

መሳብ

ném

መወርወር

rơi

መዉደቅ

nằm

መዋሸት

chờ đợi

መጠበቅ

mang vác

መሸከም

ngồi

መቀመጥ

mặc quần áo

መልበስ

ngủ

መተኛት

thức dậy

መንቃት

xem

መመልከት

khóc

ማለቀስ

vuốt ve

መጫር

chải

ማበጠር

nói chuyện

ማውራት

hiểu

መረዳት

câu hỏi

ጥያቄ

nghe

ማዳመጥ

uống

መጠጣት

ăn

መብላት

dọn dẹp

ማንዳት

yêu

ማፍቀር

nấu nướng

ምግብ ማብሰል

lái xe

መንዳት

bay

መብረር

đi thuyền buồm

መርከብ መንዳት

tính toán

ቁጥሮችን ማስላት

đọc

ማንበብ

học

መማር

làm việc

መስራት

cưới

ማግባት

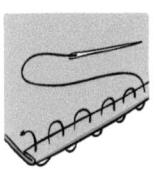

khâu vá

መስፋት

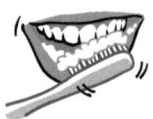

đánh răng

ጥርስ መቦረሽ

giết

መግደል

hút thuốc

ማጨስ

gửi đi

መላክ

gia đình

ቤተሰብ

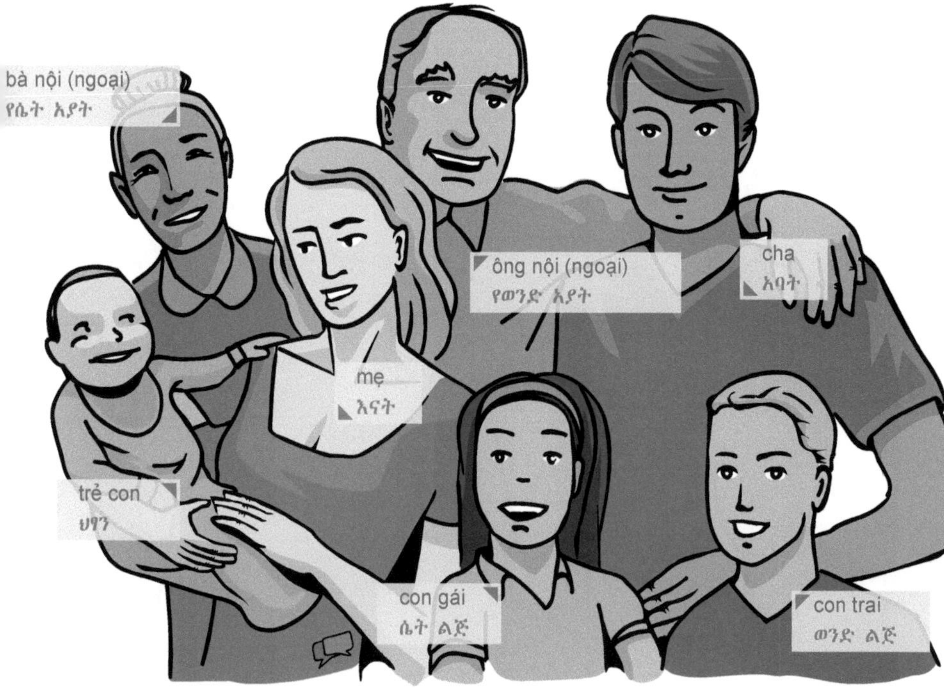

bà nội (ngoại)
የሴት አያት
ông nội (ngoại)
የወንድ አያት
cha
አባት
mẹ
እናት
trẻ con
ህፃን
con gái
ሴት ልጅ
con trai
ወንድ ልጅ

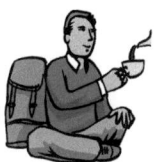

khách

እንግዳ

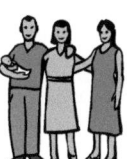

cô (dì)

አክስት

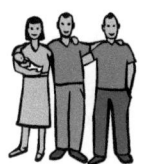

chú, bác (cậu)

አጎት

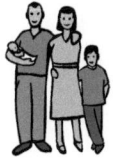

anh (em) trai

ወንድም

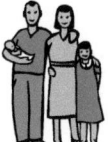

chị (em) gái

እህት

cơ thể

አካል

trán
ግንባር
mắt
አይን
mặt
ፊት
cằm
አገጭ
ngón tay
ጣት
bàn tay
እጅ
ngực
ጡት
cánh tay
ክንድ
vai
ትከሻ
chân
እግር

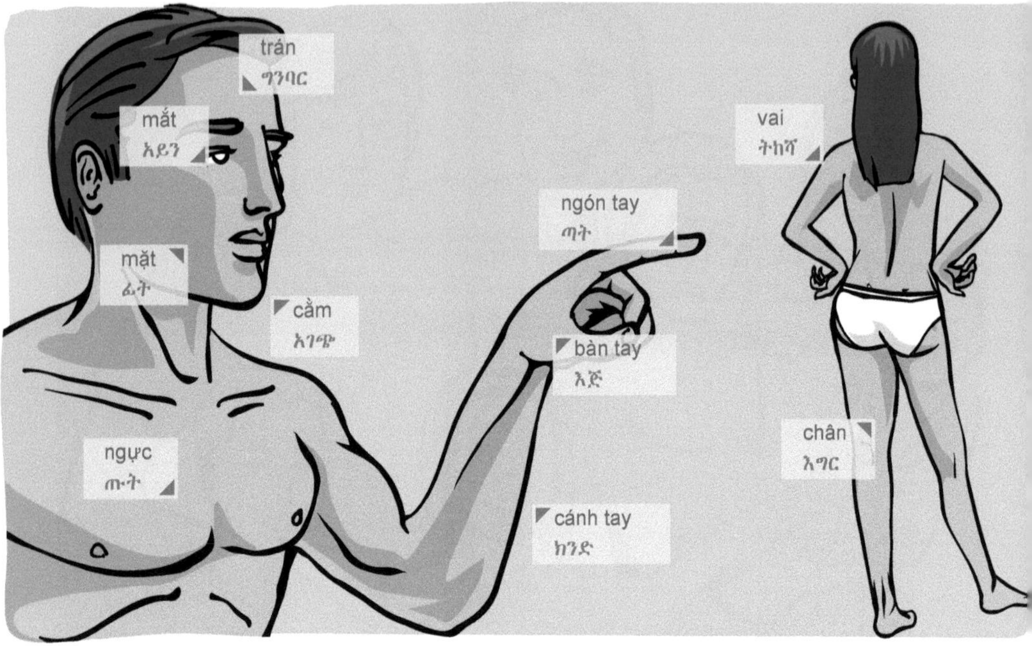

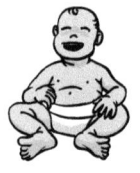

trẻ con

ህፃን

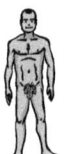

đàn ông

ሰዉ

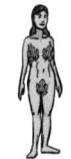

phụ nữ

ሴት

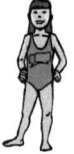

bé gái

ልጃገረድ

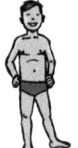

bé trai

ወንድ ልጅ

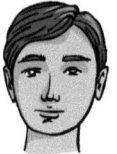

đầu

ራስ

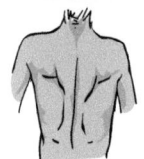

lưng

ጀርባ

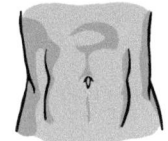

bụng

ሆድ

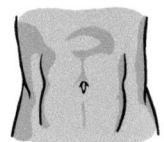

rốn

እምብርት

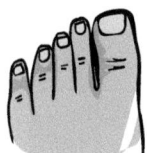

ngón chân

የእግር ጣት

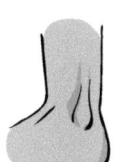

gót chân

ተረከዝ

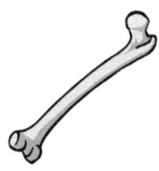

xương

አጥንት

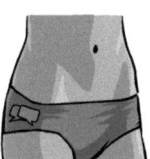

hông

ዳሌ

đầu gối

ጉልበት

khuỷu tay

ክርን

mũi

አፍንጫ

mông

ቂጥ

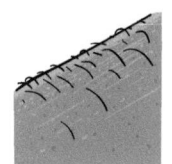

da

ቆዳ

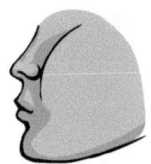

má

ጉንጭ

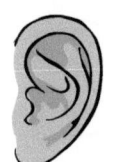

tai

ጆሮ

môi

ከንፈር

miệng

አፍ

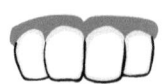

răng

ጥርስ

lưỡi

ምላስ

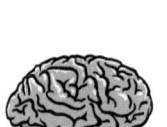

não

አንጎል

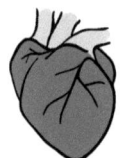

tim

ልብ

cơ bắp

ጡንቻ

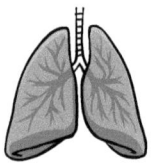

phổi

ሳምባ

gan

ጉበት

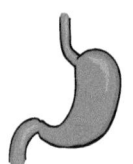

dạ dày

ሆድ

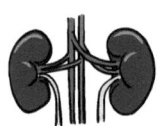

thận

ኩላሊቶች

giao hợp

የግብረስጋ ግንኙነት

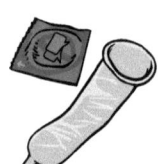

bao cao su

ኮንዶም

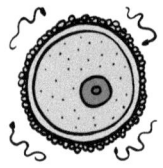

noãn

የሴት እንቁላል

tinh dịch

የዘር ፈሳሽ

mang thai

እርግዝና

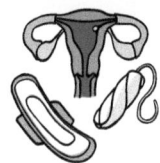

kinh nguyệt

የወር አበባ

âm vật

እምስ

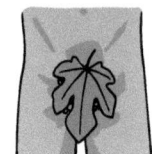

dương vật

ቁላ

lông mày

ቅንድብ

tóc

ፀጉር

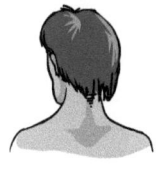

cổ

አንገት

bệnh viện

ሆስፒታል

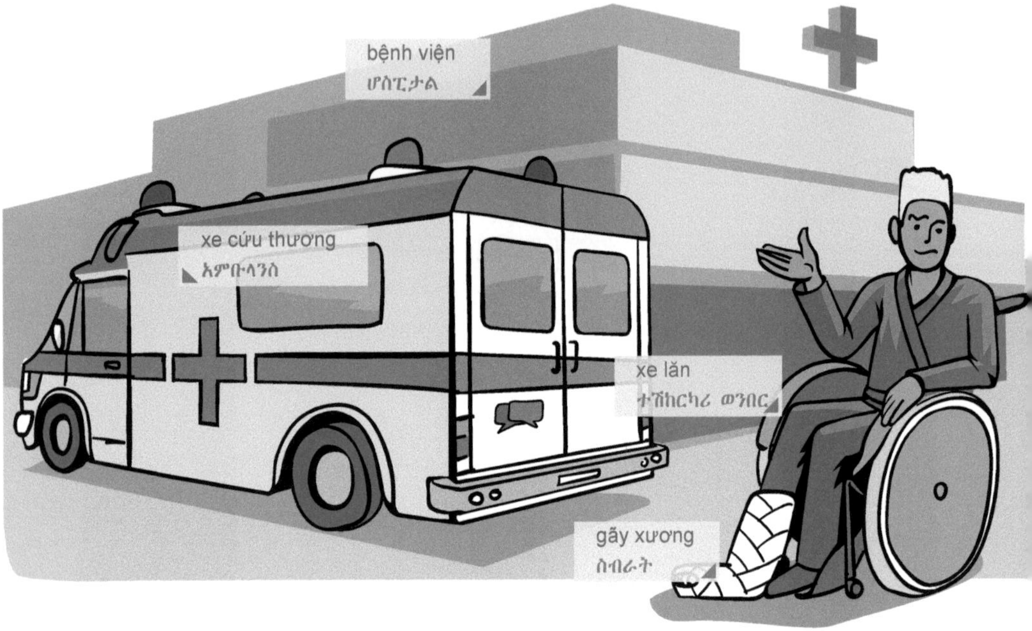

bệnh viện
ሆስፒታል
xe cứu thương
አምቡላንስ
xe lăn
ተሽከርካሪ ወንበር
gãy xương
ስብራት

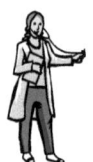

bác sĩ

ዶክተር

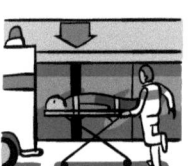

phòng cấp cứu

ድንገተኛ ክፍል

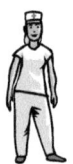

y tá

ነርስ

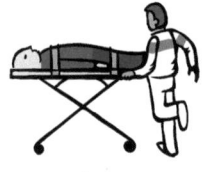

cấp cứu

ድንገተኛ

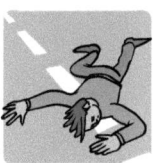

bất tỉnh

ራስን መሳት/ አለማወቅ

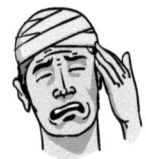

cơn đau

ህመም

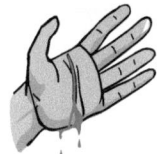

bị thương

ጉዳት

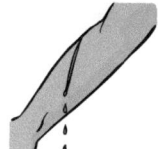

chảy máu

መድማት

nhồi máu cơ tim

የልብ ድካም

đột quỵ

ስትሮክ

dị ứng

አለርጂ

ho

ሳል

sốt

ትኩሳት

cúm

ኢንፍሎዌንዛ

tiêu chảy

ተቅማጥ

đau đầu

የራስ ምታት

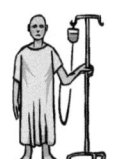

ung thư

ካንሰር

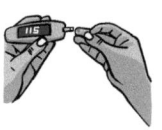

bệnh tiểu đường

የስኳር በሽታ

bác sĩ phẫu thuật

ቀዶ ጠጋኝ ሐኪም

dao mổ

የቀዶ ጥገና ስለት

giải phẫu

ቀዶ ጥገና

chụp cắt lớp

ሲቲ

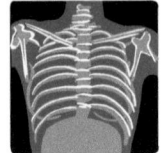

chụp x-quang

ኤክስሬዮ

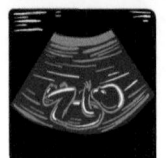

siêu âm

አልትራሳዉንድ

mặt nạ

የፊት ጭምብል

bệnh

በሽታ

phòng đợi

ጠበቂያ ክፍል

cái nạng

ም ኩዝ

băng dán vết thương

የቁስል ማሽጊያ

băng bó

ፋሻ

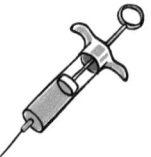

tiêm thuốc

ፉ

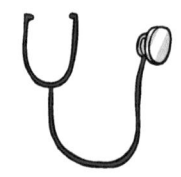

ống nghe khám bệnh

የልብ ምት ማዳ ጫ ሳሪያ

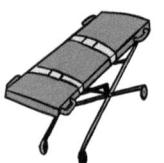

băng ca

የበሽተኛ አልጋ

nhiệt kế

የህክምን ሙቀት ለኪያ ሳሪያ

sinh đẻ

ውለድ

thừa cân

ከልክ ያለፈ ክብደት

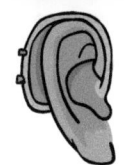

máy trợ thính

ለመስማት የሚረዳ መሳሪያ

chất khử trùng

ፀረ ተባይ መድሀኒት

nhiễm trùng

ማመርቀዝ

vi rút

ቫይረስ

HIV / AIDS

ኤች አይቪ. ኤድስ

thuốc

ህክምና

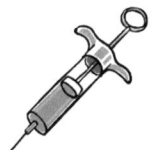

tiêm chủng

ክትባት

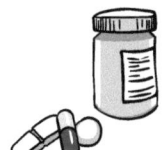

thuốc viên

ኪኒን

viên thuốc

ኪኒን

gọi cấp cứu

አስቸኳይ የስልክ ጥሪ

máy đo huyết áp

ደም ግፊት መቆጣጠሪያ

bệnh / khỏe mạnh

ህመም/ ጤንነት

cứu!

እርዳታ!

báo động

ማንቂያ ደዉል

cuộc đột kích

ጥቃት

sự tấn công

ድብደባ

mối nguy hiểm

አደጋ

lối thoát hiểm

የድንገተኛ መዉጫ

cháy!

እሳት!

bình chữa cháy

እሳት ማጥፊያ

tai nạn

አደጋ

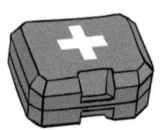

bộ dụng cụ sơ cứu

የመጀመሪያ እርዳታ መድሃኒት መያዣ

SOS

ነፍስ አድን

cảnh sát

ፖሊስ

châu Âu

አዉሮፓ

Bắc Mỹ

ሰሜን አሜሪካ

Nam Mỹ

ደቡብ አሜሪካ

châu Phi

አፍሪካ

châu Á

እስያ

châu Úc

አዉስትራሊያ

Đại Tây Dương

አትላንቲክ

Thái Bình Dương

ፓስፊክ

Ấn Độ Dương

የህንድ ዉቅያኖስ

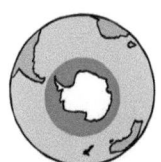

Nam Cực Dương

አንታርክቲክ ዉቅያኖስ

Bắc Băng Dương

አርክቲክ ዉቅያኖስ

bắc cực

ሰሜን ዋልታ

nam cực

ደቡብ ዋልታ

nam cực

አንታርክቲካ

trái đất

ምድር

đất liền

መሬት

biển

ባህር

đảo

ደሴት

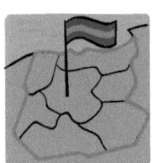

quốc gia

አገርና ሀዝብ

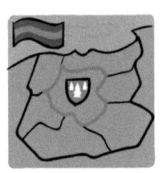

nhà nước

መንግስት

mặt đồng hồ

የሰዓት ገፅታ

kim chỉ giờ

ሰዓት

kim chỉ phút

ደቂቃ

kim chỉ giây

ሴኮንድ

Bây giờ là mấy giờ?

ስንት ሰዓት ነው?

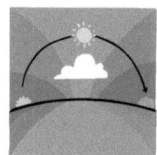

ngày

ቀን

thời gian

ጊዜ

bây giờ

አሁን

đồng hồ điện tử

የቁጥር ሰዓት

phút

ደቂቃ

giờ

ሰዓታት

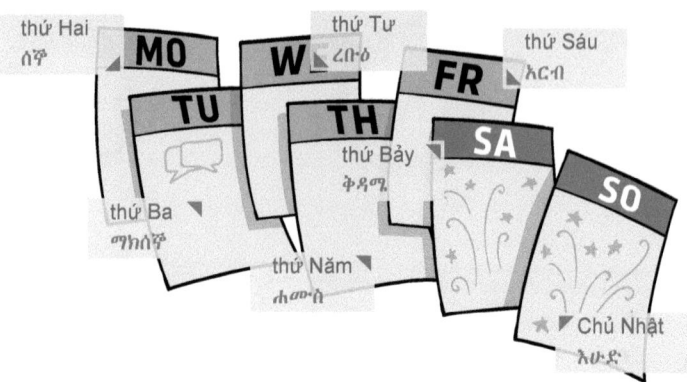

thứ Hai
ሰኞ

thứ Tư
ረቡዕ

thứ Sáu
ዓርብ

thứ Bảy
ቅዳሜ

thứ Ba
ማክሰኞ

thứ Năm
ሐሙስ

Chủ Nhật
እሁድ

hôm qua

ትላንት

hôm nay

ዛሬ

ngày mai

ነገ

buổi sáng

ማለዳ

buổi trưa

ቀትር

buổi tối

ዎሽት

MO	TU	WE	TH	FR	SA	SU
1	2	3	4	5	6	7
8	9	10	11	12	13	14
15	16	17	18	19	20	21
22	23	24	25	26	27	28
29	30	31	1	2	3	4

ngày làm việc

የስራ ቀናት

MO	TU	WE	TH	FR	SA	SU
1	2	3	4	5	6	7
8	9	10	11	12	13	14
15	16	17	18	19	20	21
22	23	24	25	26	27	28
29	30	31	1	2	3	4

cuối tuần

የዕረፍት ቀናት

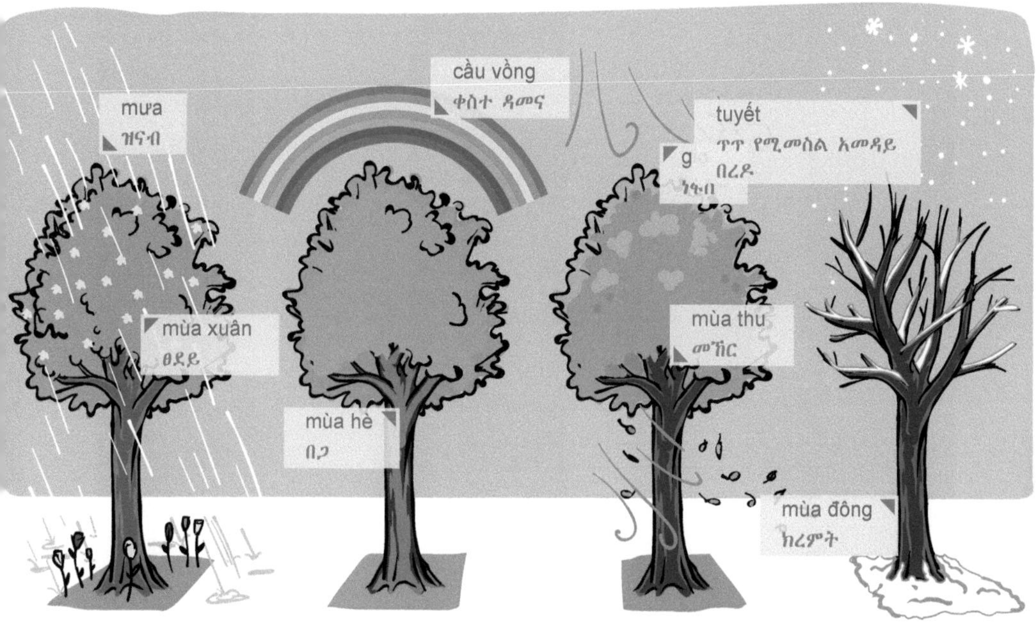

cầu vồng
ቀስተ ዳመና
mưa
ዝናብ
tuyết
ጥጥ የሚመስል አመዳይ
በረዶ
g
ነፋስ
mùa xuân
ፀደይ
mùa thu
መኸር
mùa hè
በጋ
mùa đông
ክረምት

4.APRIL 11°
5.APRIL 4°
6.APRIL 13°
7.APRIL 8°
8.APRIL 10°

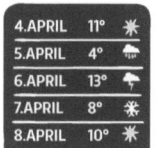

dự báo thời tiết

የአየር ሁኔታ ትንበያ

F C
120 40
90 30
60 20
30 10
0 0
-30 -10
-20

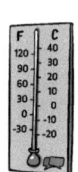

nhiệt kế

የሙቀት መለኪያ

ánh nắng

የፀሀይ ሙቀት

mây

ደመና

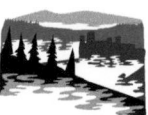

sương mù

ጭጋግ

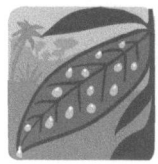

độ ẩm không khí

እርጥበታማነት

tia chớp

መብረቅ

sấm sét

ነጎድጓድ

cơn bão

አዉሎ ንፋስ

mưa đá

የበረዶ ዝናብ

gió mùa

አዉሎ ንፋስ

lũ lụt

ጎርፍ

nước đá

በረዶ

tháng Một

ጥር

tháng Hai

የካቲት

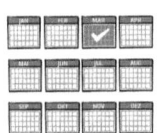

tháng Ba

መጋቢት

tháng Tư

ሚያዚያ

tháng Năm

ግንቦት

tháng Sáu

ሰኔ

tháng Bảy

ሐምሌ

tháng Tám

ነሐሴ

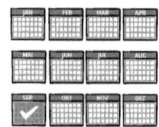

tháng Chín

መስከረም

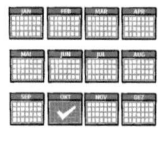

tháng Mười

ቅምት

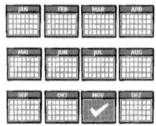

tháng Mười Một

ዳር

tháng Mười Hai

ሳስ

hình dạng

ርያች

hình tròn

ክብ

hình vuông

አራት ማዕዘን

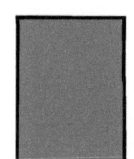

hình chữ nhật

አራት   ተኛ ማዕዘኖች ነዋች
ያሉት ቅርፅ

hình tam giác

ሶስት ማዕዘን

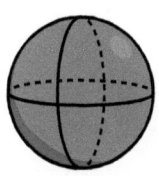

hình cầu

ኑል

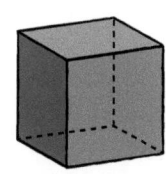

khối vuông

ስድስት ነን ያለው ቅርፅ

màu trắng

ነጭ

màu vàng

ቢጫ

màu cam

ብርቱካናማ

màu hồng

ሮዝ

màu đỏ

ቀይ

màu tím

ወይን ጠጅ

màu xanh dương

ሰማያዊ

màu xanh lá cây

አረንጓዴ

màu nâu

ቡኒ

màu xám

ግራጫ

màu đen

ጥቁር

nhiều / ít

ብዙ/ ጥቂት

tức tối / điềm tĩnh

ንዴት/ እርጋታ

xinh đẹp / xấu xí

ቆንጆ/ አስቀያሚ

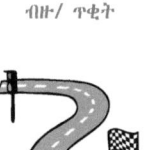

bắt đầu / kết thúc

ጅማሪ/ ፍፃሜ

to / nhỏ

ትልቅ/ ትንሽ

sáng / tối

ደማቅ/ ደብዛዛ

anh (em) trai / chị (em) gái

ወንድም/ እህት

sạch / bẩn

ንፁህ/ ቆሻሻ

đủ / thiếu

የተሟላ/ ያልተሟላ

ngày / đêm

ቀን/ ምሽት

chết / sống

የሞተ/ ህያዉ

rộng / chật hẹp

ሰፊ/ ጠባብ

ăn được / không ăn được

የሚበላ/ የማይበላ

ác / tử tế

ክፉ/ ደግ

hào hứng / chán nản

ደስተኛ/ ድብርተኛ

béo / gầy

ወፍራም/ ቀጭን

đầu tiên / cuối cùng

መጀመርያ/ መጨረሻ

bạn / thù

ጓደኛ/ ጠላት

đầy / rỗng

ሙሉ/ ጎዶሎ

cứng / mềm

ጠንካራ/ ለስላሳ

nặng / nhẹ

ከባድ/ ቀላል

đói / khát

ረሃብ/ ጥማት

bệnh / khỏe mạnh

ህመም/ ጤንነት

bất hợp pháp / hợp pháp

ህገወጥ/ ህጋዊ

thông minh / ngu

ጎበዝ/ ደደብ

trái / phải

ግራ/ ቀኝ

gần / xa

ቅርብ/ ሩቅ

mới / cũ

አዲስ/ አሮጌ

không có gì cả / có cái gì đó

....

ምንም/ የሆነ ነገር

già / trẻ

ሽማግሌ/ ወጣት

bật / tắt

የበራ/ የጠፋ

mở / đóng

ክፍት/ ዝግ

im lặng / ồn ào

ፀጥታ/ ጫጫታ

giàu / nghèo

ሃብታም/ ደሃ

đúng / sai

ትክክለኛ/ የተሳሳተ

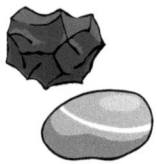

sần sùi / mịn màng

ሻካራ/ ለስላሳ

buồn / vui

ሐዘን/ ደስታ

ngắn / dài

አጭር/ ረዥም

chậm / nhanh

ዝግተኛ/ ፈጣን

ẩm ướt / khô ráo

እርጥብ/ ደረቅ

ấm áp / mát mẻ

ሞቃት/ ቀዝቃዛ

chiến tranh / hòa bình

ጦርነት/ ሰላም

0	**1**	**2**
số không	một	hai
ዜሮ	አንድ	ሁለት
3	**4**	**5**
ba	bốn	năm
ሶስት	አራት	አምስት
6	**7**	**8**
sáu	bảy	tám
ስድስት	ሰባት	ስምንት
9	**10**	**11**
chín	mười	mười một
ዘጠኝ	አስር	አስራ አንድ

12

mười hai

አስራ ሁለት

13

mười ba

አስራ ሶስት

14

mười bốn

አስራ አራት

15

mười lăm

አስራ አምስት

16

mười sáu

አስራ ስድስት

17

mười bảy

አስራ ሰባት

18

mười tám

አስራ ስስምንት

19

mười chín

አስራ ዘጠኝ

20

hai mươi

ሃያ

100

một trăm

መቶ

1.000

một ngàn

ሽህ

1.000.000

một triệu

ሚሊዮን

tiếng Anh

እንግሊዝኛ

tiếng Anh Mỹ

የአሜሪካ እንግሊዝኛ

tiếng Quan Thoại

የቻይና ማንዳሪን

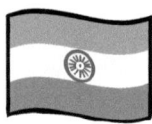

tiếng Hin-di

ሂንዱ

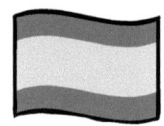

tiếng Tây Ban Nha

ስፓኒሽ

tiếng Pháp

ፍሬንች

tiếng Ả-rập

አረብኛ

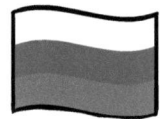

tiếng Nga

ራሺያኛ

tiếng Bồ Đào Nha

ፖርቹጊዝ

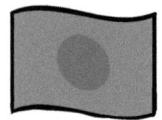

tiếng Bengal

ቤንጋሊ

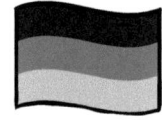

tiếng Đức

ጀርመን

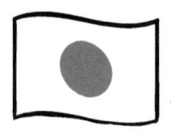

tiếng Nhật

ጃፓንኛ

tôi

እኔ

bạn

አንተ

anh ta / cô ta / nó

እሱ/ እርሷ/ እቃዉ

chúng tôi

እኛ

các bạn

አንተ

họ

እነርሱ

ai?

ማን?

cái gì?

ምን?

như thế nào?

እንዴት?

ở đâu?

የት?

lúc nào?

መቼ?

tên

ስም

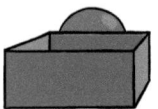

phía sau

በስተጀርባ

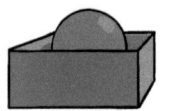

ở trong

ዉስጥ

phía trước

ከፊት ለፊት

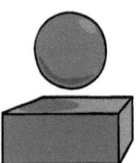

phía trên

ከላይ

ở trên

ላይ

ở dưới

ከስር

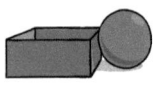

bên cạnh

አጠገብ

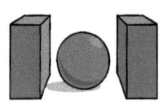

ở giữa

መሃከል

chỗ

በታ